AF332213

M. SCHNITZLER

STATISTICIEN ET HISTORIEN

NOTICE BIOGRAPHIQUE

PAR UN AMI DU DÉFUNT

STRASBOURG

IMPRIMERIE BERGER-LEVRAULT ET Cie

1872

M. SCHNITZLER

STATISTICIEN ET HISTORIEN

NOTICE BIOGRAPHIQUE

PAR UN AMI DU DÉFUNT

STRASBOURG

IMPRIMERIE BERGER-LEVRAULT ET Cie

1872

M. SCHNITZLER

STATISTICIEN ET HISTORIEN

NOTICE BIOGRAPHIQUE

Le surlendemain même de la mort de M. Schnitzler, dans la seconde moitié de novembre, nous avons donné une marque d'intérêt à ce compatriote distingué, en relatant quelques-uns des titres de célébrité qu'il avait conquis dans le monde scientifique et littéraire. Il nous semble que sa carrière si dignement remplie et les incidents qui l'ont marquée, réclament une appréciation plus détaillée, et que quelques-uns de ses nombreux amis jetteront un coup d'œil sur les lignes suivantes, consacrées à la mémoire de cet infatigable travailleur.

M. Jean-Henri Schnitzler est né à Strasbourg le 1er juin 1802. Il appartient à la génération laborieuse et intelligente qui s'est fait jour vers la fin du règne des Bourbons et au début du gouvernement de Juillet. En sa qualité de protestant, il a fait ses premières études au gymnase et au séminaire de sa ville natale. On le destinait et il se croyait lui-même appelé à la théologie; nous ne pensons pas nous tromper en rappelant qu'il est monté en chaire dans quelques églises rurales d'Alsace et de Courlande. Mais son avenir n'était point là, il pressentait lui-même sa destination future; car tout jeune, à moins de vingt ans, il s'était fait accepter comme collaborateur de la *Revue encyclopédique*, dirigée par l'ancien conventionnel Julien.

Schnitzler écrivait des articles politiques; son libéralisme se renfermait dans la sphère constitutionnelle. A cette époque, déjà si loin de nous, il s'occupait aussi de philologie grecque. L'helléniste Jean Schweighæuser le comptait parmi ses élèves favoris, et les personnes admises alors dans le cabinet du Nestor de la science en Alsace pouvaient y voir souvent la tête blonde et juvénile de Schnitzler se dessiner à côté des boucles argentées de l'illustre vieillard.

Schnitzler aimait la science pour la science; c'était le caractère distinctif de la jeunesse alsacienne pendant la Restauration. Les maîtres vénérés de l'Académie de Strasbourg et du séminaire protestant avaient inculqué cette maxime dans le cœur de leurs adeptes. On a fait du chemin depuis lors; l'utilitarisme non déguisé a fait invasion dans le sanctuaire des lettres, comme dans toutes les branches du savoir humain. C'est un fait que je constate, point un reproche que j'adresse à ceux qui vivent dans l'atmosphère de leur temps. — Lorsque Schnitzler partit pour la Courlande, pendant l'été de 1823, il n'avait aucune idée arrêtée sur son avenir. L'aspect de Riga et de son port l'enchanta; l'existence agréable, facile, au milieu d'une société polie, dans de grandes terres seigneuriales en Courlande, lui laissa des souvenirs précieux pour la vie entière. Mais loin de s'endormir dans les délices de Capoue, il s'appliqua, dès son arrivée, à se familiariser avec la langue russe, qui oppose à l'étranger des difficultés presque insurmontables. Le désir d'entrevoir un plus grand théâtre, d'aborder le séjour d'une grande capitale, le poussa, dès l'automne de 1825, vers Saint-Pétersbourg. Avec l'élasticité du jeune âge, il s'était vite aguerri au climat du Nord et fait aux habitudes d'un pays dont il allait devenir l'historien et le géographe. Sa figure ouverte, franche, son langage naïf, lui valurent de prime abord des patrons et des amis dans ce grand monde, si. différent du cercle modeste où il avait passé son enfance et sa première jeunesse. Avec une rare assurance, qui tenait sans doute à son défaut d'expérience, il ne déguisait même pas ses aspirations libérales dans une ville où dominait alors une police ombrageuse.

Peu de mois après son arrivée à Saint-Pétersbourg éclata la fameuse conspiration militaire qui ensanglanta les places publiques de la capitale et aboutit soit à l'exécution, soit à l'exil en Sibérie, soit à la dégradation des chefs. Notre jeune compatriote fut témoin de ces scènes dramatiques; il ne pensait guère alors qu'il s'en ferait l'historien véridique et impartial. Son rôle d'observateur, de témoin, lui suffisait; il recueillait cependant les notes qui devaient plus tard constituer le fond de ses matériaux, lui fournir le cadre et la couleur locale de son récit. Plus d'une fois il m'a raconté avec vivacité l'impression profonde que produisit sur lui l'apparition du tzar Nicolas, à cheval, haranguant la foule indécise, qui allait courber le front sous le fait accompli. Plus d'une fois il m'a dit l'ébranlement nerveux qu'il éprouva, lorsque la condamnation à mort des principaux conjurés et les circonstances de leur fin tragique arrivèrent à lui, lorsqu'enfin des familles avec lesquelles il avait établi des rapports de société, se trouvèrent par contre-coup atteintes, dans leur affection et leur.fortune, à la suite de cette terrible catastrophe.

Pendant l'été suivant nous retrouvons M. Schnitzler temporairement à Moscou; il n'avait pu résister au désir d'assister aux fêtes du couronnement de l'empereur Nicolas. Cette représentation théâtrale, pompeuse, dans le Kreml fraîchement restauré valut aussi au voyageur alsacien un trésor de souvenirs. — La physionomie à la fois radieuse et émue de l'impératrice et la haute stature du grand-duc Constantin frappèrent l'imagination du futur chroniqueur; il vécut momentanément de la vie de la Russie, sans cesser de penser à d'autres scènes, qui devaient se présenter à sa mémoire dans ces mêmes lieux où Napoléon était descendu les premières marches de son piédestal historique.

A Saint-Pétersbourg il eut l'heureuse chance d'être admis dans la maison de M. le comte de la Ferronays, alors ambassadeur de France en Russie. Ce fut notre compatriote qui, le premier, initia dans la littérature allemande un esprit d'élite qui devait, bien des années plus tard, se révéler au monde littéraire comme un vrai talent moraliste dans les attachants *Récits d'une Sœur*. La lecture de ce ravissant ouvrage, couronné par l'Institut, fut une des dernières jouissances intellectuelles de Schnitzler; la correspondance qu'à cette occasion il renoua avec le modeste auteur parle à la fois en faveur de l'élève et du maître enthousiaste.

Schnitzler fit aussi une excursion en Finlande, observant le pays et les hommes, jouissant des beautés de ce pays septentrional, et heureux de vivre, sans trop de souci du lendemain. Cependant il devait dès lors espérer que par ses travaux d'érudit il acquitterait la dette d'hospitalité qu'il contractait dans cette contrée lointaine. Plus les sources où il fallait puiser pour réunir les matériaux des ouvrages qu'il méditait, étaient difficiles à découvrir, plus il s'y appliquait avec obstination. Quoique j'aie été plus ou moins initié dans les procédés de son travail, je ne puis m'empêcher encore aujourd'hui de me demander comment il était parvenu à composer, à l'aide de chiffres et de notes isolées, sa première *Statistique générale de la Russie* [1]. Le succès de cet

---

1. Saint-Pétersbourg, 1829, un fort volume in-12.

ouvrage, le premier de ce genre sur l'empire russe, fut instantané. Il valut à son auteur une vraie considération à Paris, où il s'était rendu dès la fin de 1828, après avoir séjourné quelques mois à Berlin, dans la maison du ministre de Russie, et après avoir parcouru le midi de l'Allemagne. Ses études sur l'histoire des races slaves lui avaient ouvert, à Vienne, la demeure du savant slaviste Kopitar; de ce moment, il pouvait prendre confiance en lui-même et se dire qu'un jour il serait traité d'égal à égal par les illustrations contemporaines dans un domaine peu exploité de la république des lettres.

A Paris, il devint de prime abord l'un des collaborateurs littéraires de l'*Universel,* où M. Abel Remusat lançait ses spirituelles boutades et où Génin rompait ses premières lances contre Victor Hugo et Sainte-Beuve[1]. Mais sa véritable activité, j'ose dire son influence, date du jour où la librairie Treuttel et Würtz lui confia la direction de l'*Encyclopédie des gens du monde,* dont la première conception date déjà de 1830, mais qui ne commença à voir le jour qu'en 1833. Pendant quinze ans Schnitzler donna la majeure partie de son temps à cette entreprise, terminée en 1845, quatre ans après la mort de M. Würtz, fondateur désintéressé de ce *Recueil scientifique et littéraire.* Dans ces quarante-quatre volumes, à la fois substantiels et attrayants par la forme, se résumèrent les données de la science contemporaine, se dessinèrent les figures des poëtes et des penseurs de l'antiquité, du moyen âge et de nos jours, se dressèrent sur leur piédestal les statues de tous les grands

---

1. Vers la même époque, Schnitzler passa quelque temps comme précepteur dans la maison de M. le baron de Pfeffel, ministre de Bavière à Paris, et fut honoré jusqu'à la fin de sa vie de l'amitié de son excellent élève.

hommes qui ont joué un rôle sur la scène du monde. Par l'exécution de cette œuvre, rédigée avec une entente parfaite et appropriée aux goûts d'un public d'élite, Schnitzler se trouva mis en rapport avec les sommités intellectuelles de Paris et de la France. Il distribuait année par année, mois par mois, souvent semaine par semaine, cette immense besogne; il construisait la ruche et marquait à chaque abeille collectrice la place où elle devait déposer son miel. Et dans ce bourdonnement incessant il conservait son calme; il contribuait lui-même, pour une bonne part, à cet approvisionnement. Tous les articles sur la Russie et ses hommes marquants, souverains ou nobles, lui appartiennent. La statistique et la géographie de tous les pays lui étaient familières; par moment il s'aventurait aussi dans d'autres domaines du savoir, lorsqu'un collaborateur faisait défaut ou que son activité le poussait vers d'autres régions.

Il y avait toutefois un côté de cette tâche qui était souverainement difficile et délicat; je veux parler des ménagements à garder avec les amours-propres d'écrivain. M. Schnitzler a-t-il constamment évité tous les écueils que présentait sa position? Je n'oserais l'affirmer. Pour ne pas étendre indéfiniment l'ensemble de cet ouvrage, force était d'écorner, de raccourcir certains articles, quelquefois de suppléer à des manquements, de remplir des lacunes; d'autres fois aussi l'impérieuse nécessité de refuser des offres bénévoles, ou de rejeter totalement, et pour cause, des travaux déjà préparés, devait produire des froissements dont la civilité puérile et honnête ne parvenait pas toujours à amoindrir la douleur. C'étaient de pénibles moments à passer pour le directeur et le patient. Plus d'une fois aussi le premier a dû baisser la tête devant une célébrité académique bien assise et imperturbable; puis, par contre-coup, traiter trop durement un novice, un débutant. Le public, qui n'est point initié dans les coulisses de ces bureaux de rédaction, ne devine guère les soucis cachés du directeur, et impute à ce dernier tantôt les retards que subit la publication d'un volume, tantôt la disproportion que l'on croit entrevoir dans la place assignée à chaque œuvre spéciale.

Concurremment avec les devoirs de cette position officielle, M. Schnitzler ne cessait de s'occuper de l'empire du Nord. En 1835 parut l'un des ouvrages les plus complets de notre compatriote : *la Russie, la Pologne et la Finlande.* C'était le développement et le commentaire de sa première publication de 1829. La description des capitales et des grandes villes y est faite avec une rigoureuse exactitude. Un touriste pouvait à la rigueur se servir de ce considérable volume comme d'un manuel de voyage. C'est ce que fit M. de Custine; cet écrivain distingué rend une éclatante justice à l'auteur alsacien. Je me suis plus d'une fois promené, en pensée, dans les rues de Pétersbourg, de Moscou et de Nijni-Novgorod à l'aide des plans et du texte de Schnitzler. Que de plagiaires se sont enrichis de sa dépouille!

En sa qualité de directeur de l'*Encyclopédie,* M. Schnitzler, avec des ressources limitées, put néanmoins réunir dans son modeste salon des hommes politiques, des députés, des écrivains de tout rang et de tout âge; il était la providence de la jeune colonie alsacienne à Paris; ses devoirs d'homme du monde, de maître de maison, qu'il remplissait avec cordialité, lui étaient rendus faciles par le concours d'une épouse dévouée, qui a partagé depuis 1832 la bonne et la mauvaise fortune de sa carrière.

Je dis : la mauvaise fortune; car lorsque la publication de l'*Encyclopédie des gens du monde* fut terminée, M. Schnitzler traversa quelques années d'une vie pénible. Quoiqu'il eût été en relation avec les princes de la famille d'Orléans,

auxquels il avait donné des leçons de littérature allemande,
il n'en profita point dans son intérêt personnel. On ne put
lui faire une position convenable à Paris; il se décida donc,
en 1847, à rentrer dans sa ville natale, où son ami, le
maire Schützenberger, fit créer pour lui les fonctions d'inspecteur des écoles primaires. M. Schnitzler s'acquitta de
cette tâche modeste avec la conscience qu'il mettait à toute
chose; mais sous le régime impérial la place fut réduite à
de plus modestes proportions encore; peu de temps avant
sa mort, M. Schnitzler dut la résigner complétement.

Le vrai cercle de son activité n'était d'ailleurs point là.
Il devait recueillir considération et récompense sur le
terrain qu'il avait ensemencé depuis plus d'un quart de
siècle. En 1845, au moment même où il songeait à fermer
sa maison hospitalière à Paris, il avait lancé dans le public
les deux volumes de son *Histoire intime de la Russie, sous
les empereurs Alexandre et Nicolas, et particulièrement
pendant la crise de 1825.* Ces mémoires contemporains
conserveront une valeur historique. Indépendamment des
détails sur l'intérieur de l'empereur Alexandre, sur les procès et l'exécution des nobles et des militaires qui conspirent
contre l'empereur Nicolas, l'auteur groupe autour des deux
autocrates toutes les familles princières et nobiliaires de la
Russie. Ces résumés biographiques et généalogiques lui ont
valu le suffrage de la haute société en Russie et ont assigné à
son œuvre une place dans les grandes bibliothèques publiques et privées.

Ajoutez à ce vaste répertoire de faits, à ces récits animés,
une *Statistique générale de la France* (4 forts volumes in-8°,
publiés de 1842 à 1846), et vous aurez l'inventaire approximatif des travaux de notre compatriote pendant son séjour
de dix-huit ans dans la capitale.

A Strasbourg il creusera le même sillon avec persévérance. Dans le silence de la retraite, il prépare l'œuvre principale de sa vie : *l'Empire des Tzars*. Mais avant de mettre au jour le premier volume de cette description géographique, statistique et politique, il y prélude par des mémoires, par des travaux partiels.

La *Revue d'Alsace* a eu le bon esprit de sortir, en faveur de M. Schnitzler, de son cadre habituel, en publiant, dans le courant de 1854, une série d'articles sur « la Russie et son agrandissement territorial pendant quatre siècles ». Par cette adoption officielle, hommage était rendu à un savant indigène et la *Revue* s'honorait elle-même en éditant ce traité substantiel. Au moment où la guerre de Crimée éclatait, M. Schnitzler fit paraître : *la Russie ancienne et moderne, histoire, description et mœurs* (2e édition, 1854, avec carte), et la *Description de la Crimée, surtout au point de vue de ses lignes de communication* (1855, in-8°, avec cartes). L'année suivante, le premier volume de l'*Empire des Tzars, un septième des terres du globe , au point de vue actuel de la science* (Paris et Strasbourg, 1856), vit le jour. Cette publication valut décidément à son auteur d'illustres amitiés et des protections efficaces. L'empereur Alexandre II en accepta la dédicace; l'Académie impériale de Saint-Pétersbourg déclara que cet ouvrage avait manqué à la Russie ; la Société impériale de géographie, les Revues allemandes, les Annales de voyages prodiguèrent des éloges mérités à l'auteur laborieux; les matériaux, pour la suite à donner à l'ouvrage, qui devait être étendu à cinq volumes, furent libéralement fournis par les ministères et les académies de Saint-Pétersbourg. S'il y avait un inconvénient, un danger à craindre pour l'infatigable collecteur, c'était bien l'accumulation des documents; c'était l'embarras du choix. Pendant treize ans (de 1856 à 1869), M. Schnitzler remplit sa tâche avec ardeur et discernement; il touchait au but, quatre énormes volumes avaient paru, lorsque la guerre de 1870 et l'épuisement des forces physiques de l'auteur brisèrent la plume dans sa main défaillante. Mais je devance les événements.

Un incident majeur avait rompu la vie uniforme de M. Schnitzler. Il venait de faire paraître, sous le titre d'*Institutions de la Russie*, la première moitié du troisième volume de l'*Empire des Tzars*, lorsqu'un appel honorable, flatteur au dernier point, lui vint de Saint-Pétersbourg. Il fut invité de la part du ministre de l'instruction publique, au nom de l'empereur, à visiter la Russie pour l'étudier dans son état actuel, après les modifications considérables que l'affranchissement des serfs, la construction des chemins de fer, les rapports de plus en plus fréquents avec l'Europe et l'Asie, les aspirations de la société contemporaine y avaient introduites. M. Schnitzler se mit en route au printemps de 1864 et revit successivement les deux grandes capitales, puis Nijni-Novgorod, et Kasan sur les frontières de la Sibérie. L'accueil qu'il reçut partout dans cet immense parcours dépassa son attente; la certitude de voir ses pénibles études et les résultats qu'il en avait obtenus, appréciés à leur juste valeur, durent lui rendre l'entrain de la jeunesse. Mais notre conviction est aussi arrêtée à ce sujet; le voyageur avait évidemment trop présumé de ses forces. Les émotions, les inévitables fatigues, l'obligation de voir beaucoup dans un espace de temps limité, toutes ces causes réunies surexcitèrent ses facultés et furent la cause première de son déclin. Il rentra dans ses foyers, en automne 1864, pénétré de reconnaissance pour les témoignages affectueux qu'il avait recueillis dans toutes les stations de sa course prolongée, et à tous les degrés de l'échelle sociale, depuis le monarque jusqu'au fonctionnaire le plus modeste. Pour sa satisfaction personnelle, il vaut mieux toutefois qu'il ait accepté ce glorieux appel, même si sa vieillesse a dû en être écourtée.

Non propter vivendum vivendi perdere causas.

Je me rends parfaitement compte du profond saisissement que notre compatriote a dû éprouver en revoyant à trente-six ans de distance — tout un âge d'homme! — les localités où il avait passé les plus beaux moments de · sa jeunesse. Ce contraste, en agissant sur son système nerveux et en remuant la cendre des souvenirs, a sans doute accéléré la destruction de cette enveloppe qui abritait un cœur d'or et une tête de fer. Il se trouvait à la fois amoindri et grandi, amoindri dans ses forces physiques, grandi dans la sphère sociale et dans l'épanouissement complet des facultés que le Créateur lui avait départies et dont il avait fait un si bel usage. Maintenant qu'il traversait en chemin de fer, au cœur de l'été, ces vastes plaines qu'il avait peut-être sillonnées en traîneau, avec toute l'ardeur du jeune âge, mais au risque de rentrer avec quelque membre gelé; maintenant qu'il descendait en bateau à vapeur le *Wolga*, où glissaient autrefois d'informes radeaux, le passé et le présent devaient se heurter dans son esprit, et s'il trouvait le temps de fouiller dans son propre cœur, il devait aussi, malgré le succès du jour, y trouver plus d'un souvenir douloureux. Schnitzler, le statisticien, n'additionnait, ne comparait pas seulement des chiffres, il ne pouvait donner un démenti complet à son origine allemande; il y avait dans son esprit le coin du poëte: quelques-uns de ses écrits trahissent cette tendance. Dans sa monographie destinée à retracer l'incendie de Moscou, à en rechercher le véritable auteur, M. Schnitzler a su écrire des pages dont la lecture est attachante et curieuse, même après l'œuvre classique de M. Philippe de Ségur; et dans un ouvrage allemand, qui est malheureusement resté à l'état de manuscrit, dans son *Histoire de Port-Royal*, l'auteur de l'*Empire des Tzars* fournit la preuve que les questions religieuses, loin de lui être étrangères, l'ont constamment préoccupé.

Au moment où la cruelle maladie qui a coupé court à cette laborieuse existence, est venue le surprendre, M. Schnitzler préparait une *Histoire de la diplomatie russe*. C'est le travail qu'il réservait à son extrême vieillesse, lorsqu'il aurait terminé le cinquième volume de l'*Empire des Tzars*. Il existe des feuillets rédigés, des notes préparées; nous ne pouvons qu'exprimer le regret de ne pas avoir vu M. Schnitzler terminer une œuvre pour laquelle personne n'était mieux préparé que lui et qui aurait ajouté une couronne de plus à celle que nous venons de déposer sur sa tombe.

J'ai quelquefois entendu reprocher à M. Schnitzler de n'avoir pas consacré à son propre pays, à sa patrie, qu'il aimait pourtant avec passion, les années qu'il a vouées à l'étude d'un pays étranger. A cette observation je me permettrai de répondre que dans l'immense champ de la science il y a quelque mérite à défricher les parties moins connues. Lorsque M. Schnitzler s'est mis à étudier la Russie, qui effrayait l'Europe comme un gigantesque fantôme, lorsque, par un labeur journalier, il a cherché à pénétrer dans les mystérieuses avenues de ce gouvernement alors autocrate, de cette administration alors arbitraire, lorsqu'il découvrait dans les chiffres de la statistique la situation réelle du grand empire septentrional, il faisait une œuvre qui aurait dû profiter à son propre pays, si la France avait eu, dans les hautes sphères, le temps ou la volonté de s'occuper à fond des pays étrangers. Schnitzler était un sincère admirateur des généreuses mesures adoptées et mises en œuvre par l'empereur Alexandre II pour l'affranchissement des serfs, c'est-à-dire de quarante millions d'hommes; il n'a jamais varié dans la conviction que cette tentative était destinée à réussir, en dépit des difficultés de l'époque de transition et de l'ébranlement que les classes privilégiées en ressentiraient. L'avenir justifiera, nous aimons à le penser, les prévisions de l'auteur de l'*Empire des Tzars*, qui, loin de flatter la Russie, s'est toujours posé vis-à-vis d'elle en franc parleur, en paysan du Danube. Les types peu grandissoniens de la société russe, que le théâtre et le roman nous offrent, M. Schnitzler est loin d'en nier la réalité; et si, malgré sa franchise, il a été accepté par la Russie, comme aurait pu l'être un écrivain national, il doit évidemment cette faveur à l'instruction sérieuse déposée dans ses œuvres et à la sincérité de ses convictions.

M. Schnitzler a été récompensé selon son mérite par le gouvernement russe, qui lui a conféré à diverses reprises des distinctions honorifiques d'une véritable signification. Le dignitaire en a modestement usé, jamais ses compatriotes ne l'ont vu décoré du cordon de l'ordre de Saint-Stanislas; en de rares occasions il a montré ses deux croix de commandeur de Saint-Wladimir et de Sainte-Anne. — Ses amis les plus intimes ont seuls eu connaissance d'autres témoignages d'intérêt, qui lui sont parvenus de la part de quelques membres de la famille impériale. A la suite de son nom, il pouvait inscrire une série de diplômes d'académies et de sociétés savantes. — Circonstance bizarre! — il a fallu qu'à l'occasion de son décès, certainement prématuré, il fût question de ces distinctions laborieusement acquises, pour que la plupart des compatriotes de Schnitzler apprissent à connaître le rang qu'il occupait dans le monde savant et dans la considération de l'étranger. C'est une belle chose que d'honorer le mérite local et les services rendus sur place par des citoyens dévoués; mais l'enfant de Strasbourg qui fait honneur à la cité natale dans de lointaines régions, a quelque droit de ne pas tomber dans l'oubli. C'est contre cette éventualité que nous avons essayé de prémunir la mémoire de Schnitzler, en soulevant un coin du voile qui cache son buste d'écrivain et de penseur.

L. S.

STRASBOURG, IMPRIMERIE BERGER-LEVRAULT ET Cᶦᵉ.

www.ingramcontent.com/pod-product-compliance
Lightning Source LLC
LaVergne TN
LVHW020413060726
842525LV00006B/2023